AF249675

APOLOGIE

MINISTÉRIELLE

DU

DROIT D'AINESSE,

Par un Avocat.

IMPRIMERIE DE SÉTIER,
Cour des Fontaines, n° 7, à Paris.

1826.

APOLOGIE

MINISTÉRIELLE.

DU

DROIT D'AINESSE.

<hr>

De toutes parts de hauts cris se jettent contre la loi qui va être soumise aux deux Chambres, et dont l'objet est le rétablissement du privilége de l'ainesse dans le partage des successions; presque tous les journaux s'efforcent à l'envi d'exciter l'animadversion publique contre ce privilége;

il est attaqué par une nuée de bro-
chures ; une multitude d'adresses à la
chambre des députés se préparent pour
en demander le rejet, tous les esprits ,
petits ou grands, en sont occupés , et
peut-être n'est-il pas en France un
seul village où ce projet de loi ne soit
le thème principal de la conversation ,
toujours dans un sens opposé à la con-
ception ministérielle.

Elle est épouvantable cette incroya-
ble et trop réelle unanimité d'opinions;
mais qu'elle est affligeante surtout!...
C'est le profond stygmate de la corruption générale, de cette dépravation
tant de fois signalée par les hommes
généreux qui n'ont échappé à la peste
révolutionnaire qu'en fuyant loin de
leur patrie.

Tant d'hommes supérieurs se sont

faits dans toutes les occasions les champions de la morale publique; que je suis resté dans la stupéfaction de ne voir personne se présenter dans la lice qui vient de s'ouvrir. Quoi ! pas une voix, une seule, ne s'élèvera contre la clameur universelle ! L'on attendra que la discussion soit engagée à la tribune : mais c'est un tort, un tort grave. La prévention, cette maladie presqu'incurable, s'empare des esprits ; le silence des partisans de la loi en question, donne plus d'activité à cette gangrène politique ; avant d'appliquer ses prescriptions, un sage médecin doit se rendre maître de l'imagination de son malade.

Les adversaires du droit d'aînesse n'ont pas manqué de faire remarquer ce silence, ils en ont triomphé, et ma bile s'est allumée..... A l'ouvrage ! me suis-je écrié ; prouvons qu'ils en ont menti, quand ils ont imprimé que personne n'osait se faire l'apologiste du droit d'ainesse ; ils combattaient seuls, ils étaient forts, et leur insolence s'armait de plaisanteries. N'ont-ils pas écrit qu'à la conférence des avocats de Paris, la question du droit d'ainesse avait été mise à l'ordre du jour, et que personne ne s'étant présenté pour défendre ce droit, un défenseur d'office avait été nommé !

Souvent l'innocent accusé, fort de sa conscience et de la simplicité de ses moyens de justification, s'est défendu lui-même.

Le sort des ministres fut le même dans tous les temps ; les vues sages et patriotiques sont toujours celles dont

on les suppose le plus éloignés, et jamais on ne leur rend justice qu'après
leur retraite ou leur mort. Je l'avoue,
je voudrais que ceux qui nous gouver-
nent maintenant quittassent au plus tôt
leurs portefeuilles, pour les voir venger
de la déconsidération et de l'injustice
qui les atteignent si violemment. »

« La loi du droit d'aînesse passera
triomphante au milieu des criailleries
d'une multitude aveugle qui n'est pas,
comme nos ministres, à portée d'ap-
précier ce qui convient à la chose publique ; elle trouvera, dans l'une et
l'autre chambre, d'éloquens défen-
seurs, et, en dépit d'elle-même, la nation en recevra le bienfait.

« Depuis trente ans, il a été répété de
mille manières, qu'en politique ce qui
était bon pour un temps, ne l'était pas

également pour un autre. Cette absurdité a été combattue solidement, sinon
par des raisons, du moins par des faits,
depuis 1814; et les choses vont un
train qui fait espérer que l'époque
n'est pas loin où, à cet égard, la dé-
monstration sera complète.

Ce n'est pas tout, les novateurs se
sont acharnés à déverser un ridicule
plein de fiel sur les respectables monu-
mens de nos anciennes coutumes. Que
n'ont-ils pu déchirer les pages de l'his-
toire qui nous en transmettent le sou-
venir! Ils ont fait le contraire de ces
antiquaires savans, qui estiment d'autant plus une médaille qu'elle a tra-
versé plus de siècles. Pourquoi donc
n'en serait-il pas des institutions comme
des médailles! L'on recherche ces
dernières, dira-t-on, mais elles
n'ont pas cours; sans doute, c'est uni

quement parce que tous les hommes ne sont pas assez instruits pour en connaître la valeur ; chez un peuple d'académiciens ce serait la monnaie de prédilection.

J'entreprends, non pas de prouver simplement, mais de démontrer que la réprobation publique qui frappe, à peine à sa naissance, le projet de loi sur le droit d'ainesse, est impie et hérétique, injuste et déraisonnable, impolitique et anti-constitutionnelle, enfin séditieuse et révolutionnaire.

L'on voit que j'y vais rondement ; peut-être y a-t-il trop de franchise dans cette exposition ; car combien de gens refusent de lire tout ouvrage qui s'annonce d'un ton trop tranchant contre leur opinion ; mais j'ai l'espoir qu'on aura la maligne curiosité de sa-

voir si je satisfais au but que je me propose avec tant d'assuran e.

Ma pensée n'est sous le joug d'aucun
intérêt privé; je suis puiné, et je n'ai
pas la moindre succession en perspec-
tive ; voilà, aux lumières près, ma
compétence établie.

*Le Droit d'Aînesse est d'ins itution
divine et religieuse.*

« La religion chrétienne (catholique,
apostolique et romaine, bien entendu)
est la fille aînée de la religion juive.
L'ancien et le nouveau testament sont
également divins : tous deux ont été
écrits sous la dictée de Dieu même.

« Le droit d'aînesse était établi chez
le peuple d'Israël, et tout Chrétien,

même indigne, se rappelle le plat de lentilles avec lequel Jacob paya, à son frère Esaü, le droit d'être réputé l'aîné de la famille.

« Du moment donc que le livre par excellence, que la sagesse écrite consacre le droit d'aînesse, n'y a-t il pas une impiété manifeste à s'élever contre son rétablissement? Les différences qui peuvent exister entre ce droit tel qu'il était dans ses conséquences chez les Juifs, et tel qu'il doit être dans les vues de nos ministres, ne font exactement rien au droit en lui-même ; il est d'institution divine, cela suffit, et il doit être respectable à quiconque fait profession du christianisme. »

Les oh ! oh ! et les ah ! ah ! m'arrêtent ici tout court. L'on me demande ce que je dirais s'il plaisait au gouvernement de soumettre nos prépuces à la circoncision, de chasser le lard de nos cuisines, de faire engraisser les ours de la ménagerie du sang des petits enfans qui se permettraient de rire à la vue d'une tête chauve, etc., etc.; et tout cela par la grande raison qu'on en trouve des préceptes ou des exemples dans la loi hébraïque?

Je dirais qu'il y a une furieuse différence entre des usages, quelque saints qu'ils soient, qu'aucune époque ne vit dans nos mœurs, et un point de législation dont nous avons joui plus d'un millier d'années. J'établirais les distinctions nécessaires entre les localités pour la dispensation des règlemens de police. Enfin un volume ne me coûterait rien pour prouver que, de ce qu'il serait ridicule de prétendre nous assujettir en tout aux usages du peuple de Dieu, il ne s'ensuit pas qu'il le soit de rétablir un droit dont on trouve l'origine dans la sainte bible.

L'église a toujours reconnu ce droit plus ou moins explicitement. L'église est infaillible.

Les rois de France, dans leur plus auguste titre, celui de fils aînés de l'église, se font honneur sans doute, et avec raison, de quelque chose de plus que d'une vaine qualification honorifique. L'épithète d'*aîné* n'est pas purement explétive; le saint-esprit ne fait pas de phrases.

Si le droit d'aînesse eût en quelque chose choqué la religion, le clergé, dans ses institutions canoniques, n'aurait pas manqué d'interdire à ses membres le bénéfice de ce privilége. Or,

voici ce que nous lisons dans le dictionnaire de droit canonique : « L'état
» ecclésiastique ne fait point perdre le
» droit d'aînesse dans une famille ; il
» n'est pas même au pouvoir du père
» d'en priver celui de ses enfans à qui
» il est dû, pour en favoriser un autre,
» parce que l'aîné tient ce droit, non de
» lui, *mais de la nature* et de la loi.
» De là, vient aussi que, lorsque, par
» des statuts municipaux, les filles sont
» exclues d'une succession par l'exis-
» tence des mâles, elles n'en sont pas
» moins privées, quand tous les mâles
» s'engagent dans l'état ecclésiastique.»

Mais, d'ailleurs, comment l'église se
serait-elle opposée à un droit qui produit pour elle les plus heureux résul-
tats ?

En effet, le premier de tous les

états est, sans contredit, celui dans
lequel l'homme se consacre uniquement à son Dieu ; plus les institutions
sociales ont pour objet de multiplier
les ministres de la sainte religion, plus
elles sont précieuses et saintes elles-
mêmes. Dieu et son culte avant tout.
L'on ose reprocher à la loi projetée
qu'elle couvrira la France de religieux
de toute espèce. J'en conviens ; mais
c'est en cela même qu'est son excellence, c'est en cela qu'elle est admira-
ble, puisqu'elle tend à grossir le trou-
peau des élus. Ce n'est pas le tout d'être
Chrétien, il faut être conséquent, et
je ne conçois pas de contradiction plus
stupide que celle d'exalter la religion et
de vouloir en même temps mettre des
obstacles à la multiplication des hommes
qui s'y dévouent sous un titre ou sous

l'autre ; ou vous devez souhaiter , avec
une pieuse ardeur , que la France ,
que le monde entier , soient un vaste
cloitre, ou vous n'avez pas le véritable
esprit de la religion, vous n'êtes pas
Chrétien. Eh ! qu'importe que la société
étende le cercle de sa prospérité mon-
daine ! Cette prospérité n'est - elle pas
un gouffre de damnation !

Depuis la révolution , les séminaires
ne se sont recrutés que dans les classes
pauvres de la société. Les ecclésias-
tiques n'en devaient certes, pas être
moins respectables ; mais , grâces à
l'esprit du siècle , cette circonstance
avait pourtant altéré la considération
et le respect qui leur étaient dus. Ce
mal plus réel qu'on ne pense , la loi
du droit d'aînesse va le réparer. Les
familles riches et distinguées auront le

bonheur de fournir aussi des sujets à l'église.

Nous ignorons si c'est à ce but édifiant que vise le ministère ; du moins il n'a pu lui échapper parmi les conséquences qu'il a dû voir dans la loi dont il s'agit.

Qu'on ne dise pas que la vocation doit venir d'en haut et que c'est se rendre coupable aux yeux de Dieu que d'établir un ordre de choses qui mettra les puînés dans une sorte de nécessité de céder à des considérations humaines, en embrassant un état pour lequel ils n'auront pas toujours de vocation actuelle.

Les ministres ne sont pas responsables des abus qu'on peut faire des plus saintes lois, et puis qui se flatterait de connaître les voies de la providence, de les connaître assez pour as-

surer que le ciel lui-même n'a pas ins-
piré la loi du droit d'aînesse , pour
attirer au ministère de ses autels , et
surtout à la vie contemplative des mo-
nastères , une foule d'hommes qui
seraient restés dans les liens du monde!

Cette idée surprendra moins quand
on réfléchira que Rome n'est pas sans
crédit auprès des ministres français , et
que les enfans, de Loyola ne sont pas
oisifs. Il y a long-temps qu'on a dit un
peu trivialement que le Pape et les Jé-
suites avaient le Saint-Esprit dans la
manche ; il faut ajouter qu'ils y ont
aussi M. de Villèle et compagnie.

Ah ! béni soit le retour de ces temps
heureux où l'on pouvait, en France ,
suivre ses pieuses inspirations , et
mettre les barrières du cloître entre
soi et le scandale du monde ! N'est-il

pas affreux qu'il faille repousser la voix
de Dieu qui nous appelle à son adora-
tion perpétuelle par l'observance d'une
des règles tracées par les plus grands
saints; qu'on ne puisse, à leur exemple,
faire de religieuses fondations ! et quel
siècle que celui où le malheureux Chardon est condamné à languir dans une
prison, confondu avec de misérables
escrocs, pour avoir voulu fonder une
maison de piété ! Frère Chardon, mar-
tyr, priez pour nous, priez pour que
le triomphe de la loi du droit d'aînesse,
mette vos imitateurs à l'abri des ri-
gueurs de la justice ! Vous avez com
mencé votre œuvre un an trop tôt. »

Le Droit d'Aînesse est naturel et raisonnable.

La nature, dans son universalité, comme dans ses détails, étant l'ouvrage de la divinité, l'on pourrait décider, sans doute, que ce qui est divin est nécessairement naturel ; mais nous laissons de côté cette conséquence si rigoureuse, pour n'envisager la question que sous un point de vue plus conforme aux notions purement humaines.

Les adversaires du droit d'aînesse prétendent que l'égalité des partages est un vœu de la nature qui, ajoutent-ils, inspire aux pères et mères des affections égales et exige d'eux des soins égaux.

Ce système est insoutenable ; qui ne sait, au contraire, que les parents chérissent toujours l'un de leurs enfants plus que les autres ? Personne n'est en état de citer une seule famille où la tendresse paternelle soit répartie avec égalité entre les enfants. Que l'on accuse la nature, si l'on veut, mais enfin telle est sa loi constante.

Or, est-il possible d'avoir exactement, pour l'enfant le moins aimé, les mêmes soins, les mêmes attentions que pour celui qui a toute notre prédilection ? Les apparences peuvent tromper un œil peu exercé ; mais il n'en est pas moins vrai qu'il y a une différence nécessaire entre les effets de l'affection, selon qu'elle est plus ou moins vive.

L'on n'insistera pas contre cette vérité ; mais l'on objectera que la faveur d'un attachement particulier n'est pas plutôt pour l'aîné que pour l'un ou l'autre des puînés.

C'est encore là une erreur en thèse générale ; admettons cependant cette observation comme exacte, qu'en résulterait-il ? c'est que si l'un des puînés s'attirait plus de tendresse que l'aîné, de la part de ses parents, ce serait une espèce d'usurpation sur les droits de celui-ci, sauf, toutefois, le cas où les défauts et les vices de cet aîné lui aliéneraient légitimement le cœur paternel ; ce serait une usurpation, en effet, tant qu'il était seul, l'aîné était en possession de tout l'amour de ses père et mère ; cet amour lui était acquis au plus incontestable titre ; mais il lui naît un frère et le voilà dépouillé de partie plus ou moins grande du plus précieux de tous les biens, la tendresse de ses parents.

Je ne prétends pas que ce puîné soit coupable envers son aîné, puisque sa volonté est étrangère au malheur de ce dernier; mais cet aîné enfin n'en est pas moins victime, n'en fait pas moins une perte trop sensible, et il n'y a pas non plus de reproche à lui faire. C'est alors une injustice de la part de la nature, c'est une sorte de monstruosité irrémédiable.

Mais, dans ses institutions, la société a dû avoir pour objet de réparer autant qu'il était en elle, les torts de la nature. S'il n'est pas possible d'empêcher un père ou une mère d'affectionner un puîné plus qu'un premier-né, du moins on peut et l'on doit arrêter ce travers dans quelques-uns de ses effets. C'est à la loi à venir au secours de l'aîné dépouillé de ses droits natu-rels, en lui en accordant de civils qui seront comme la conséquence, non de ce qui est, mais de ce qui aurait dû être. En un mot, son privilége de pri-mogéniture est une légitime compen-sation de celui que la nature lui enlève par une dérogation à ses lois ordi-naires.

Dira-t-on que dans cette supposition même, cette indemnité ne devrait exister au profit de l'aîné que lorsqu'il a fait la perte que nous prétendons de-voir y donner lieu?

Mais ce n'est pas une indemnité pro-prement dite; l'objet du droit d'aî-nesse, dans ce cas, est uniquement

'arrêter dans ses conséquences la faute
e la nature.

L'on se rappelle la citation que nous
vons faite à l'article précédent, du
dictionnaire : du droit canonique,
'aîné, y est-il dit, tient son droit
non de son père, mais de la *nature* et
de la loi.

« Un droit qui a pour lui la religion et
a nature, ne peut qu'être conforme à
la raison ; c'est ce que nous allons
prouver.

« Un point sur lequel il n'y a jamais
eu la moindre divergence d'opinion,
c'est qu'un état où tous les citoyens
auraient une fortune égale, ne pourrait subsister. Ce qui est vrai pour la
grande famille politique, serait-il faux
pour la famille naturelle qui a servi de
type à la première ? Non certes, et ce

sont là de ces vérités fondamentales qui
ont acquis le privilége d'être dispensées
de tout développement ; elles sont
choses jugées.

Cependant faisons une hypothèse.
Un père de famille possède un revenu
de quinze mille francs ; il a cinq enfants. Dans le partage égal de sa succession, trois mille francs formeront
le revenu de chaque enfant. Le cas le
plus général est que, sur cinq enfants,
il y en ait au moins un qui dissipe sa
fortune. Les quatre autres, réduits à
un avoir modique, seront peu en état
de subvenir au dissipateur ou au malheureux, et encore faut-il supposer,
ce qui est bien rare, qu'ils seront tous
bons frères ; mais soit, qu'ils se co-
tisent également, cette cotisation, en
diminuant leur revenu singulier, les

met tous à la gêne, et il est bien difficile que cet état de gêne n'altère pas
les sentiments de famille qui devraient
être à toute épreuve entre des frères :
premier mal. Ensuite les fautes ou les
malheurs d'un seul, pesant sur tous les
autres, peuvent entraîner la ruine de
l'un d'eux, et dans ce cas, qui est le
second mal, voilà les deux cinquièmes
du patrimoine engloutis.

Le privilége de la primogéniture
obvie à ces maux. Que le préciput de
l'aîné soit du tiers, il aura de plus,
dans notre hypothèse, le cinquième
des deux autres tiers, par conséquent,
sept mille francs de rente, tandis que
les puînés n'en auront que deux mille.
Que l'un, que deux, même, de ces
puînés tombent dans la misère ; la
perte, pour la totalité du patrimoine,

sera môindre que dans le premier cas,
et de plus l'aîné sera en état, sans
compromettre son existence, de venir
au secours de ses deux frères.

L'on opposera que les secours de
l'aîné, en telle occurrence, sont fa-
cultatifs et qu'ils n'ont pas toujours
une garantie dans les sentiments naturels.

Je réponds d'abord que si, dans
la composition des lois, il fallait s'arrêter à tous les cas possibles, l'on ne
parviendrait jamais à organiser une
legislation.

Je réponds ensuite que l'égalité des
partages établit bientôt l'isolement
entre des frères indépendans les uns
des autres. Lors, au contraire, que
le droit d'ainesse existe, le père de
famille evit dans son fils aîné que les

autres enfants ont contracté l'habitude
de regarder comme leur chef et leur
protecteur. Cet aîné a sous sa respon-
sabilité morale, l'honneur de la famille; cet honneur semble inhérent à
son préciput; de sorte qu'à défaut de
sentiments naturels, il aura toujours
un véritable intérêt à tirer ses puînés
d'un état de misère dont la honte re-
jaillirait entière contre lui-même.

« Il y a plus, c'est que son affection
pour ses frères trouve une garantie
dans les droits de la primogéniture;
du moins il ne voit pas en eux des êtres
qui le sèvrent des espérances que sa
naissance lui avait d'abord données.

« Mais, dit-on, les puînés sont pla-
cés dans une position précisément opposée relativement à leurs affections,
et cette situation, comme s'expri-

mait, Chabot de l'Allier au tribunat,
« fut la cause de ces guerres toujours
» existantes entre les aînés et les ca-
» dets, de ces jalousies que le malheur
» aigrissait sans cesse, de ces haines
» profondes et invétérées qui avaient
» rompu tous les liens des familles,
» qui ont produit tant de crimes,
» et qui se sont développées de nos
» jours avec tant de force. »

Exagération que tout cela, décla-
mation révolutionnaire. Les pauvres
ont toujours été jaloux des riches,
s'ensuit-il qu'il faille niveler les for-
tunes? Une preuve à l'abri de toute
réplique, qu'au droit d'aînesse ne sont
pas attachées toutes ces funestes conséquences, c'est que leur existence sup-
poserait de nécessité le plus affreux dé-
sordre et l'absence des mœurs dans la

société ; or, l'on nous cite perpétuel-
lement en exemple les mœurs des siècles passés, de ces siècles où le privilége de l'aînesse était dans toute sa
force.

Les chaires sacrées retentissent de
fulminations contre la dépravation de
notre époque : elles n'ont pas encore ,
il est vrai, accusé bien explicitement
l'égalité des partages d'avoir contri-
bué à notre démoralisation ; c'est une
source qu'il leur reste à indiquer et
dont peut-être elles se réservaient de
parler au moment où la loi se join-
drait, pour la tarir, à leur charitable
éloquence.

Il est une situation fort commune
dans laquelle les puînés eux-mêmes
sont intéressés à la résurrection du
droit d'aînesse. Je ne veux pas dire

que chacun d'eux peut espérer d'en avoir la jouissance par le décès de leurs premiers-nés..... Oh ! fi donc ! Mais un aîné riche est toujours entouré de plus de considération, de plus de faveur que s'il n'avait qu'une fortune égale à celle de ses frères. Il est donc une protection pour la famille, et les avantages de cette protection sont incalculables ; personne ne peut répondre de n'en avoir pas besoin un jours ; car je ne sais si nous vivons dans un siècle où le mérite se suffise à lui-même.

Je n'ignore pas qu'aux yeux du commun des hommes, les avantages contingens ne sont jamais en proportion avec les bénéfices actuels. Le présent est leur Dieu, et il me semble entendre tous les puînés s'écrier, même avec orgueil : nous ne voulons devoir rien à personne, nous ne voulons point de protecteurs; nous ne doutons pas de la génerosité de nos aînés, mais nous avons encore plus de confiance en nous-mêmes !

C'est ainsi que raisonne une multitude imprévoyante. C'est au législateur à avoir la prudence dont elle est privée, et à veiller sur son avenir. Écoutez, et l'analogie est frappante, écoutez des enfants qui, ne connaissant pas le prix de l'éducation, vous disent en pleurant : nous nous passons bien du grec et du latin maintenant, pourquoi nous tourmenter à l'étude de ces langues, à quoi peuvent-elles jamais nous être utiles ?

Une vieille objection contre le droit d'aînesse se tire de ce qu'on prétend qu'un nombre infini d'aînés, comptant, comme dit le Spectateur anglais, sur le bien qui leur doit revenir, soit que la flatterie des domestiques ou même des parents les entretienne dans cette idée, soit que ceux qui ont soin de leur éducation soient prévenus de la même sottise, s'imaginent que toutes les autres qualités leur soient inutiles. En un mot, ce sont des enfants gâtés.

Qui n'a pas déjà répondu à cet éternel rabâchage ? Faut-il imputer à la loi la faute des domestiques, des parents et des maîtres, et, pour la millionnième fois, l'abus qu'on peut faire d'une chose prouve-t-il que cette chose soit mauvaise.

Mais il y a une autre réponse encore d'un ordre plus relevé ; il est de l'intérêt de l'état qu'il y ait le moins possible d'enfants gâtés. Or, les puinés, que leurs parents savent ne devoir pas trouver dans leur fortune une ressource suffisante, sont élevés de manière à pouvoir suppléer au défaut de biens, par leurs talent ou leur industrie. Pour un ainé gâté, je le suppose, l'état aura plusieurs citoyens sagement élevés. Dans le système de l'égalité de droits successifs, il arriverait que des parents faibles, qui ne seraient pas éclairés par le motif puissant que je viens d'énoncer, feraient partager également à tous leurs enfants une éducation vicieuse.

Si l'on voulait pousser ce raisonnement, il ne serait pas difficile de prouver qu'en définitive, le droit d'aînesse est tout à l'avantage des cadets; car, il n'y a personne qui ne convienne que le premier de tous les biens est une bonne éducation, ne fût-elle que négative, c'est-à-dire, ne consistât-elle que dans l'absence d'une mauvaise. Terminons cet article par une réponse au reproche qu'on fait à la loi en question, qu'elle aura, sur le mariage, la plus funeste influence. Les filles, dit-on, trouveront plus difficilement à se marier, et formeront des établissements moins avantageux, que ceux qu'elles auraient pu espérer avec l'égalité des partages.

Sait-on pourquoi les ménages désunis sont infiniment plus nombreux qu'autrefois ? C'est parce qu'autrefois on calculait le mérite et non la dot des filles; et l'on ne peut qu'applaudir à une loi qui tend à soustraire à de sordides spéculations, ce qui ne doit être que l'objet du sentiment, éclairé par la morale. Eh ! qu'importe qu'il y ait quelques mariages de moins! Que dis-je ! tant mieux , l'état religieux y gagnera.

Le Droit d'aînesse est politique et constitutionnel.

Montesquieu a dit : « Point de mo-» narque, point de noblesse ; point » de noblesse, point de monarque. »

Au premier abord, il ne paraît pas que les rapports soient très-prochains entre cette sentence et le droit d'aînesse ; mais quelques réflexions , et l'intervalle apparent disparaîtra.

La noblesse , corps intermédiaire entre le souverain et le peuple , et , comme dit encore Montesquieu, essen-tiel, à la monarchie , exista de toutemps. De l'intérêt de la conservation de ce corps, naquirent les fiefs, grands et petits ; les fiefs engendrèrent le droit d'aînesse dont, pendant long-temps, les nobles seuls recueillirent les avantages.

La révolution, en 1790 et 1791, détruisit tout ce qui restait des lois féodales, ainsi que les priviléges de la primogéniture. C'est ce qu'elle a fait de mieux, s'écrient les uns ; c'est ce qu'elle a fait de pire, soutiennent les autres. Je ne jugerai pas entre ces deux opinions ; mais je prétends que, puisque la France est monarchique, il faut ou vouloir renverser le gouvernement, ou ne pas marquer d'opposition à tout ce qui est de l'essence de la monarchie.

Que se proposait-on en instituant

le droit d'aînesse ? *D'empêcher le mor-cellement des propriétés foncières, contraire au principe du gouverne-ment monarchique.*

En quoi ce morcellement était-il contraire à la monarchie ? En ce qu'il diminuait, et pouvait finir par anéan-tir, la considération attachée à la ri-chesse, et dont les nobles ou seigneurs étaient en possession ; car sans for-tune, adieu l'influence, l'existence po-litique de la noblesse.

Pour prévenir cette objection, que la monarchie en France est maintenant constitutionnelle, j'avertis de bien re-marquer qu'elle le fut toujours, et que même toutes les monarchies le sont ; autrement elles ne seraient que des gouvernements absolus ou des-potiques.

Il est vrai que la Charte ne reconnaît plus la noblesse comme corps intermédiaire, et qu'elle ne lui accorde que des titres honorifiques. Peu importe, au lieu de la noblesse proprement dite, nous avons la Chambre des pairs et la Chambre des députés ; ce sont là les corps qui remplacent celui que la révolution a mis à l'écart, et il est conforme aux principes que vous avons cités de Montesquieu, que ces corps nouveaux jouissent des avantages que les nobles avaient jadis ; plus leurs membres seront riches, plus ils présenteront de garantie à l'état ; mais il faut prévenir le morcellement de leurs propriétés, sans quoi le but est manqué.

Ce qui arrivera, tout le monde l'a deviné : le nombre des électeurs et des éligibles diminuera. Sur cinq ou six enfants qu'un partage égal aurait rendus membres des colléges électoraux, dans une foule de cas, un seul sera électeur. Ce résultat certain est en même-temps un moyen de tranquillité publique et d'économie pour le gouvernement. Moins, en effet, les votans sont nombreux, plus il leur est aisé de s'entendre ; les cabales, les intrigues sont moins multipliées, moins dangereuses, et surtout il en coûte beaucoup moins au ministère pour diriger et éclairer les votes. En politique, comme en mécanique, la perfection consiste à simplifier ou à diminuer les rouages.

D'un autre côté, l'on ne se dissimule pas que la loi projetée conduira, peu à peu, sans secousse, sans embarras, à remettre les choses dans leur vraie position, c'est-à-dire ; à rendre la noblesse à la monarchie.

Les plébéiens qui crient que cette loi est l'abomination de la désolation, se garderont bien de ne pas profiter de la latitude adroite qui leur sera laissée de s'y soustraire par des dispositions testamentaires.

La noblesse, au contraire, s'y conformera religieusement, et l'on pourrait à peu près calculer l'époque où elle aura repris son ancienne consistance, en se trouvant composer seule la représentation nationale. Quand je dis seule, j'entends qu'elle sera du moins en grande majorité.

Heureuse l'époque qui verra cette issue infaillible ! car, il faut en convenir, les nobles furent toujours les protecteurs du peuple dont ils n'ont jamais cessé de chérir et de défendre les intérêts. Qu'on ne croye pas que je leur rende cet hommage dans l'ignorance des reproches qui leur sont faits tous les jours encore.... Eh ! ne sait-on pas que le peuple est ingrat. Quoi ! on veut lui épargner la peine de participer au gouvernement , les dangers que peuvent entraîner des élections tumultueuses ; on veut le faire jouir des douceurs d'une sinécure politique, et il n'est pas content !.... Quelle absurdité ! Quelle injustice de sa part !

L'on accuse la loi en question d'être une violation à la Charte , cependant il n'est pas dans la Charte un seul mot qui la repousse. Tous les Français , dit-elle , sont égaux devant la loi......

Eh bien! celle que l'on va discuter, ne sera-t-elle pas pour tous ? Elle n'est au profit direct d'aucune classe particulière, et si la noblesse y trouve le principe de sa régénération, ce ne sera pas la faute de la loi, mais bien celle des plébéiens qui en réprouveront le bénéfice.

Et d'ailleurs, quand cette violation serait réelle, pourquoi se récrier tant ? comme si elle était la première !

Un autre grief contre notre loi : le commerce, dit-on, souffrira de la stagnation des immeubles. Le contraire me paraît évident ; le commerce a d'autant plus d'étendue et d'activité, qu'il y a plus d'industrie ; moins on est riche en biens fonds, plus on devient industrieux pour y suppléer. La conséquence est sous la main.

Mais, ajoute-t-on, le morcellement des immeubles opère une multitude de mutations ; ces mutations produisent des droits au profit des domaines.......
Bon ! ne voilà-t-il pas que le peuple va se plaindre que le trésor public pourra éprouver quelques pertes !
Ayez donc une fois confiance dans les ministres ; soyez bien sûr qu'ils aiment encore moins que vous la diminution dans les recettes de contributions ; et reposez-vous sur l'art qu'ils mettront à regagner d'un côté ce qu'ils perdront de l'autre.

Je ne puis m'empêcher de revenir encore ici sur ce que des pessimistes politiques voient dans le droit d'aînesse une source féconde de dissentions domestiques ; de haines dans les familles, et, comme de raison, ils en concluent que la société toute entière en sera troublée.

Mais alors même qu'il en devrait être ainsi, le législateur ne devrait pas s'en effrayer; car il ne doit jamais reculer devant les effets de la corruption des mœurs, et ce qu'on a l'air de redouter ne serait que le produit de cette corruption, née des systèmes révolutionnaires. Tant pis pour la nation qui s'est imbue de maximes pernicieuses, qui a contracté des habitudes contraires à ses vrais intérêts. Un ministère intègre ne compose pas avec la dégénération du peuple.

Les antagonistes du droit d'aînesse cherchent à se faire un appui de la législation romaine, à la sagesse de laquelle, disent-ils, toutes les nations ont rendu hommage, en la qualifiant de raison écrite.

Je veux bien ne pas me prévaloir de ce que dans la loi des douze tables, l'on trouve des décisions qui ont beaucoup d'analogie avec le privilége de l'aînesse ; l'on y voit que les successions étaient attribuées aux parents du côté des mâles, à l'exclusion des parents du côté des femmes.

Mais d'abord, si le droit romain reçut le titre de raison écrite, nous avons eu des coutumes, et entr'autres celle de Normandie, non moins bien qualifiées. Cette dernière était toujours appelée la sage coutume, et elle consacrait le droit d'aînesse dans sa plus grande étendue.

En second lieu, de quelle autorité peuvent être, dans l'espèce, des lois qui, pour la plus grande partie, tirent leur origine du gouvernement républicain ?

Sous les deux premières races de nos rois, le droit d'aînesse était inconnu ; mais c'est que, dans ces temps, la couronne était élective et qu'on était loin encore de la véritable monarchie, dont Hugues Capet fut le fondateur.

L'opposition au Droit d'aînesse est séditieuse et révolutionnaire.

Tout ce que j'ai dit jusqu'à présent a pour conclusion nécessaire ce que je mets ici en titre, et j'aurais pu me dispenser de développer plus spécialement cette pensée ; mais, quand il s'agit d'une cause contre laquelle se roidissent tant de préjugés, il ne faut pas craindre d'en dire trop.

Il s'est glissé dans l'opinion publique un principe bien étrange, mais moins encore que l'assentiment tacite que semble y avoir donné l'autorité, laquelle est si fort en odeur de susceptibilité ; ce principe est que les discours prononcés par le Roi à l'ouverture des chambres, tombent dans le domaine de la critique, et cela, sous prétexte que ces discours sont réputés l'ouvrage des ministres.

Cette opinion, je l'avoue, m'avait

séduit aussi jusqu'à un certain point ;
tant que j'avais eu la bonhommie de
croire que notre gouvernement était
consciencieusement   réprésentatif ;
mais depuis que j'ai vu qu'il se retrem-
pait à la pureté de l'ancienne et vraie
monarchie, quand j'ai vu la volonté
ministérielle, dictée avec succès aux
élections, détruire tous les éléments
de la volonté nationale, je suis sorti
de mon erreur, et je ne connais plus
de maxime politique plus attentatoire à
la Majesté royale que celle que je com-
bats ici. Elle exprime trop clairement
que le souverain n'est que l'organe de
ses ministres, qu'il ne joue qu'un rôle
secondaire. Les paroles royales doivent
être sacrées et inviolables, comme le
Roi qui les prononce. Mais, à la faveur du principe contraire, l'on peut

jetter jusqu'à du ridicule sur ce qui est sorti de la bouche du monarque, et le tout impunément. À la vérité l'on n'a pas encore osé aller jusque là, et l'on s'entoure soigneusement de toutes les précautions oratoires qu'on peut imaginer, pour attaquer les discours de la couronne.

Mais les formes n'empêchent pas le mal; l'on n'en vient pas moins à bout de soulever l'opinion publique contre les intentions du chef de l'état, et si les citoyens ne sont pas excités à la révolte, ce n'est pas la faute des commentateurs qui s'ingèrent de soumettre à leur propre tribunal le mérite des lois que propose le Roi. En un mot, rien ne me paraît plus séditieux que cette faculté de lutter, pour ainsi dire, corps à corps avec l'expression de la volonté royale.

Jamais l'on n'a usé plus insolemment de cette liberté qu'à l'occasion du droit d'aînesse. Toutes les ressources ont été mises en œuvre pour échauffer l'indignation de la France contre ce droit. L'on a forgé des lettres prétendues écrites par des aînés qui renonçaient d'avance au privilége de leur primogéniture, par des pères de familles qui manifestaient leur formelle intention de prendre leurs mesures contre l'effet de ce privilége; l'on a fait un crime à l'autorité de l'idée fixe du cerveau délirant d'une vieille femme qui est morte persuadée, dit-on, que sa fille avait souhaité son décès; l'on a été puiser dans Schiller une scène dramatique où un puîné assassine son frère aîné par haine contre les droits attachés à sa naissance.

Provoquer ainsi l'animosité de la nation contre une loi proposée par le monarque, c'est être séditieux; ou on ne le sera jamais.

Les écrivains que je dénonce ici diront qu'ils n'ont été que les échos de l'opinion publique et même unanime de la France. J'en conviens, oh! certes; mais ils n'en sont pas plus excusables: leur devoir était d'éclairer cette opinion égarée, et non pas de s'égarer avec elle.

Et puis quelle excuse que celle d'être

les interprètes d'une opinion qui s'est formée à l'école de la révolution ! C'est à cette époque de tempêtes que fut détruite cette antique et vénérable institution du droit d'aînesse. Sa destruction même était une garantie de sa sagesse ; car, on l'a dit et je le répète, en prévenant toutefois que ma foi, à cet égard, pourrait être un peu plus vive : tout ce que la révolution renversa était bien, tout ce qu'elle procréa, fut mal !

CONCLUSION.

Par quelle fatalité les bienfaiteurs du genre humain sont-ils abreuvés pendant leur vie, de reproches, d'amertume et de dégoûts? La reconnaissance publique ne leur parvient que dans la tombe. C'est une loi universelle, bien connue et dont il est aussi impossible de né pas prévoir les effets que de s'y soustraire. Mais de quelle admiration ils sont dignes ceux qui se dévouent au ridicule, au mépris ou à la haine pour satisfaire aux vœux de leur conscience

et de leur patriotisme! De quel hé-
roïsme ils font preuve !

O Villèle, ô Peyronnet! vos noms,
si abhorrés maintenant, seront vengés
par la postérité. Dans votre malheur
d'être les objets de l'exécration de la
France, vous êtes trop heureux encore
que le caractère national s'oppose à ce
que les Français se livrent contre vous
à ces emportements si peu rares chez
nos voisins d'outre-mer. Ce ne serait
pas sans être exposés aux plus grands
dangers que sur les bords de la Tamise,
des ministres se feraient un jeu de bra-
ver constamment l'opinion publique.
Vainement ils n'auraient à cœur que
les intérêts nationaux, dès que le peuple ne verrait pas, comme eux, ces
intérêts ; bientôt leurs hôtels seraien

assiégés, une grêle de projectiles briserait leurs portes et leurs fenêtres, et, s'ils ne se dérobaient pas par la fuite à la rage des assiégeans, ils seraient déchirés et mis en lambeaux par la multitude.

Ces émeutes populaires dirigées uniquement contre les ministres qui s'obstinent à mettre sous leurs pieds le monstre appelé l'opinion publique, sont un terrible moyen d'inspirer de la circonspection aux mandataires du souverain, qui trop souvent trahissent sa confiance et le trompent sur les vœux et les besoins du peuple : un ministre pendu pour avoir immolé les intérêts évidents de la nation et de son chef à de petites exigences de coterie ou de faction ! La belle leçon pour ses succcesseurs ! mais le peuple est si injuste qu'il serait trop dangéreux qu'il se fît ainsi justice à lui-même.

Nos ministres savent bien qu'ils n'ont pas affaire à la fougueuse et brutale populace de Londres; ils savent bien qu'ils peuvent sans danger suivre l'impulsion de leur conscience, quelqu'opposée qu'elle soit à l'opinion publique. Tel est surtout l'amour intrépide de M. de Villèle pour l'honneur et le bien de sa patrie, que ce serait faire injure à son noble caractère que de ne pas être convaincu qu'il achèterait au prix du martyre, le bonheur et la gloire de rendre la monarchie française à ce qu'elle était jadis. Mais il y parviendra sans périls, et rien ne l'empêchera d'achever sa course septennale, en dépit des mille et un quolibets de ses ennemis qui osent dire que sous son ministère, la France, comme autrefois l'Egypte, aura été affligée de sept plaies.